NOTICE BIOGRAPHIQUE

SUR

M. L'ABBÉ GUIDET

CURÉ-DOYEN DE NESLE

Hoc est quod locutus est Dominus : Sanctificabor in iis qui appropinquant mihi.

(LEVIT. CH. X. 3.)

Filius Mariæ nunquam peribit.

(S. BERNARD).

PÉRONNE

IMPRIMERIE E. QUENTIN, GRANDE PLACE, 33

1890

NOTICE BIOGRAPHIQUE

SUR

M. L'ABBÉ GUIDET

CURÉ-DOYEN DE NESLE

Hoc est quod locutus est Dominus : Sanctificabor in iis qui appropinquant mihi.

(LEVIT. CH. X. 3.)

Filius Mariæ nunquam peribit.

(S. BERNARD).

PÉRONNE

IMPRIMERIE E. QUENTIN, GRANDE PLACE, 33

—

1890

NOTICE BIOGRAPHIQUE

SUR

M. L'ABBÉ GUIDET

CURÉ-DOYEN DE NESLE

C'est une grâce précieuse que Dieu accorde à une paroisse, lorsqu'Il lui envoie un bon pasteur, un curé rempli de zèle et de dévouement.

Cette grâce a été concédée par la miséricorde divine à la ville de Nesle, en la personne du regretté et vénéré défunt, Messire CONSTANT-HIPPOLYTE GUIDET, curé-doyen, nommé le 14 septembre 1870 et décédé pieusement, dans la paix du Seigneur, le 31 janvier 1890.

Or, parmi les devoirs de la vie chrétienne, il en est un, de la plus grande importance, qui consiste à ne pas recevoir en vain les faveurs du Ciel (1), à remercier Dieu sincèrement lorsqu'Il les répand sur nous, et à en profiter pour notre sanctification.

C'est donc un devoir pieux que remplit, d'abord, cette notice à l'honneur du prêtre éminent qui vient de descendre dans la tombe ; et ce sera aussi un devoir et une consolation pour ceux qui ont été les paroissiens de M. l'abbé Guidet de recueillir avec soin les leçons et les exemples qu'il a laissés.

Dans sa vie et dans sa mort, on peut appliquer au regretté Doyen ces paroles de Notre-Seigneur, au soir de sa Passion :

(1) *Ne in vacuum gratiam Dei recipiatis.* (S. Pauli ad Cor. II. 6).

« *Exemplum dedi vobis, ut ità et vos faciatis.* » Je vous ai donné l'exemple, afin que vous marchiez sur mes traces. Que cette notice serve donc à l'édification générale, après avoir rendu à la mémoire de M. le Doyen de Nesle un légitime témoignage d'estime et d'affection.

CONSTANT-HIPPOLYTE GUIDET naquit à Combles, chef-lieu de canton du département de la Somme, le 9 janvier 1834. Il puisa au sein d'une famille profondément chrétienne ces principes de vertu, de droiture et de bonté qui ont fait l'ornement de sa vie.

Ses parents, M. et Mme Guidet, avaient quatre enfants, ils en donnèrent trois au service de Dieu. Une de leurs filles entra dans la communauté des Religieuses de la Sainte-Famille ; leurs deux fils suivirent la vocation ecclésiastique.

Constant Guidet, qui était l'aîné, fut remarqué dès son jeune âge par le prudent et zélé doyen de Combles, M. l'abbé Robille. Celui-ci s'appliqua à cultiver les qualités heureuses qu'il discernait dans son intelligent enfant de chœur ; et il lui donna les premières leçons de latin.

A l'âge de douze ans, Constant Guidet, qui avait toujours tenu la place d'honneur au catéchisme, fit sa première communion. Et ce jour-là même il manifesta à ses parents son désir de se consacrer à Dieu.

Il fut envoyé, en 1846, au Petit-Séminaire de Saint-Riquier. Dans cet asile béni de la jeunesse, sous des maîtres distingués comme M. l'abbé Hénocque et M. l'abbé Derien-court, il fit dans la vertu et dans la science de rapides progrès. Il sut se maintenir dans les premiers rangs, à côté de condisciples brillants et remarqués qui occupent aujourd'hui des situations élevées dans le diocèse d'Amiens. Dès cette époque, il montrait pour la prédication un goût particulier. Parfois, pendant les vacances, il réunissait quelques personnes dans une chambre de sa maison et se mettait à prêcher devant elles.

Les souvenirs du collège de Saint-Riquier conservèrent une place toujours préférée dans la mémoire et dans le cœur de Monsieur l'abbé Guidet. Il aimait à les rappeler ; et, dans les anecdotes dont il émaillait sa conversation si attrayante, les années passées à Saint-Riquier tenaient une large place.

Ses études littéraires, dans lesquelles il avait remporté de remarquables succès, étant terminées, Constant Guidet vit avec joie arriver l'heure solennelle de décider sa vocation d'une manière définitive. A la suite d'une retraite qu'il fit à Saint-Acheul, il demanda son admission au Grand-Séminaire d'Amiens et il y fut reçu en 1853.

Parmi les chrétiens de nos jours, il en est peu, bien peu, qui connaissent ou même qui soupçonnent l'importance, la gravité, les difficultés de la préparation au sacerdoce. La plupart des fidèles, même pratiquants, n'ont qu'une idée superficielle et lointaine de ce qu'il faut d'études suivies, de recueillement, de travail assidu, de régularité et de prière pour former un bon prêtre, un bon administrateur de paroisse, un bon prédicateur, un bon directeur des consciences.

Si tant de chrétiens n'étaient bien malheureusement ignorants de tout cela, ils ne laisseraient point passer avec indifférence des lois comme celle qui a été récemment promulguée sur le service militaire et le casernement des séminaristes. Loi déplorable et impie, uniquement dirigée contre la religion et contre Dieu, mais qui atteindra du même coup, et par la force des choses, la patrie elle-même.

L'abbé Constant Guidet, dans le noviciat sacerdotal du Grand-Séminaire, sous l'œil vigilant et la direction éclairée des prêtres de la Mission de saint Vincent de Paul, fit les plus heureux progrès dans les sciences sacrées. Plus d'une fois nous lui avons entendu résoudre des questions ardues de théologie, avec une promptitude, une clarté et une sûreté qui témoignaient de l'excellence de ses études et de la formation de son jugement.

Il développait, par la méditation fréquente et la connaissance des Livres Saints, ses aptitudes naturelles pour la prédication ; aptitudes que sa voix puissante, sa belle stature et son geste heureux secondaient précieusement. Souvent, pendant les vacances du Grand-Séminaire, il fut chargé par M. Robille de faire l'instruction aux Vêpres de la Sainte Vierge le dimanche, et il s'acquittait de ce ministère avec facilité et distinction.

Il perfectionnait enfin les qualités particulières dont il était doué pour le chant sacré. A la justesse d'oreille musicale qu'il possédait à un haut degré, il joignit par le travail une intonation sûre, un sentiment parfait des nuances et des périodes, une expression pénétrante et communicative. Lorsqu'il chantait, à certains jours de fête, dans l'église de Nesle, les grandes hymnes du Saint-Sacrement, ou bien le *Rorate cœli*, l'*Adeste fideles*, l'*Attende Domine*, une émotion véritable s'emparait du chrétien auditoire. On ne pouvait mieux rendre la majesté du chant grégorien, ni sa suavité incomparable.

Qu'on nous permette de citer, à ce propos, un fait récent, bien simple, mais bien expressif. Il y a quelques semaines, pendant le mois de janvier 1890, un malade recevait la visite de M. le Vicaire de Nesle et s'informait à lui de la santé du vénéré Doyen. Sur la réponse que la guérison de M. l'abbé Guidet semblait être prochaine (hélas ! on le croyait si bien alors...), le pauvre malade parut tout heureux : « Ah ! tant mieux — dit-il — comme cela il sera rétabli « quand je mourrai, et ce sera lui qui chantera le *Dies iræ* « à mon enterrement. Je ne mourrais pas content si ce « n'était pas lui qui dût le chanter. Il le dit si bien ! »

Revenons à notre récit.

M. l'abbé Guidet reçut la tonsure et les ordres mineurs ; puis successivement le sous-diaconat le 6 juin 1857, et le diaconat le 29 mai 1858.

Enfin l'ordination sacerdotale lui fut conférée par Mgr Boudinet, évêque d'Amiens, le 6 janvier 1859 (1).

C'est à Combles, son pays natal, que le jeune prêtre célébra sa première messe le lundi 10 janvier.

Cette cérémonie fut une fête pour toute la paroisse et pour les communes voisines. De mémoire d'homme on ne se rappelait point avoir vu un enfant du pays revêtu du sacerdoce. Aussi, malgré le froid rigoureux, l'assistance était nombreuse; plus de trente prêtres s'y trouvaient, l'église de Combles fut trop petite pour contenir la foule de parents et d'amis qui étaient accourus. Toutes les larmes coulèrent lorsqu'on vit le jeune lévite sortir de chez lui, entre son père et sa mère, et s'avancer avec émotion, profondément pénétré de son bonheur.

Après la messe, un repas réunit 160 convives dans une grande salle, dressée sur la place, en face de la maison paternelle. Le jeune prêtre reçut les félicitations de tous; M. le Maire de Combles fut le premier à le complimenter. Ce fut une de ces journées dont la mémoire reste à jamais dans l'âme de ceux qui en ont été les témoins.

Dès le lendemain de son ordination, le 7 janvier 1859, l'abbé Guidet était allé dire la messe au couvent de la Sainte-Famille, à Amiens, où sa sœur était religieuse, et il y avait fait l'imposition des mains. Dans la soirée du même jour, il donnait dans la chapelle du couvent, sur le signe de la croix, un sermon très goûté et dont le souvenir est encore conservé actuellement.

Mgr Boudinet ne tarda pas à confier à l'abbé Guidet le poste de vicaire dans la paroisse de Saint-Valery, dirigée à cette époque par M. l'abbé Colmaire, curé-doyen.

Après un an passé dans cette commune et quelque temps de préceptorat chez M. de Rambures, à Abbeville, l'abbé

(1) L'ordination devait avoir lieu aux Quatre-Temps de l'Avent. Mais Mgr Boudinet étant souffrant, elle fut remise au 6 janvier. Dix-huit prêtres furent ordonnés ce jour-là.

Guidet fut nommé, en 1860, au vicariat de Vignacourt, importante localité de trois mille habitants, dont le curé était M. l'abbé Mille. Les qualités rares du jeune vicaire s'y développèrent d'une manière tout exceptionnelle. Il suffira, pour donner une preuve éclatante de l'estime et de l'affection qu'il sut s'attirer, de relater la réception enthousiaste qui lui fut faite au mois d'avril 1889, lorsqu'il reparut à Vignacourt après une absence de vingt-six années.

Assurément, lorsqu'on a quitté un pays depuis un quart de siècle, lorsqu'un grand nombre de ceux qu'on y a connus a disparu dans la tombe et qu'une génération toute nouvelle s'est élevée à leur place; alors que les bouleversements politiques et sociaux, la guerre et l'invasion, ont brisé tant d'attaches et émoussé tant de souvenirs, il faut qu'un homme ait bien puissamment agi sur l'esprit et le cœur d'une population pour qu'elle se souvienne de lui, pour qu'elle organise spontanément une démonstration telle que M. l'Archiprêtre de Péronne pouvait, au jour des obsèques, la qualifier en toute justice de « véritable triomphe. »

A l'annonce de l'arrivée de M. l'abbé Guidet à Vignacourt, on se portait en foule au-devant de lui ; c'était à qui lui tendrait les mains, se ferait reconnaître et lui rappellerait les souvenirs d'autrefois. La joie et l'allégresse étaient universelles et se manifestaient de mille manières.

La compagnie des pompiers était réunie, pour son service, dans une rue du village. Soudain on dit que M. le Doyen de Nesle va passer. « Le doyen de Nesle ! — s'écrie le chef — « Portez... armes !... présentez... armes !... » Et, dans un élan indescriptible, les pompiers présentent les armes à l'ancien vicaire de Vignacourt.

Après quatre années passées dans cette commune, M. l'abbé Guidet reçut de l'autorité diocésaine une marque de confiance bien méritée par ses talents et ses vertus : le 30 avril 1864, il fut placé à la tête de la paroisse d'Oresmeaux, forte d'environ 1,200 âmes, et dont la population riche de foi, très attachée aux pratiques religieuses, était digne du zélé pasteur que la Providence lui envoyait.

M. Guidet était précédé dans cette localité par une réputation qui faisait reposer sur sa tête les plus belles espérances. L'attente ne fut pas trompée. En voyant arriver ce jeune prêtre au front serein, au regard franc, à la physionomie ouverte, qui, comme Saül, dépassait de la hauteur des épaules le peuple d'Israël, la foule accourue pour le recevoir lui ouvrit ses bras avec empressement. Elle s'émut aux accents de sa parole si chaude et si vibrante, elle lui voua son affection et sa sympathie. C'est le cœur qui rend éloquent, et M. Guidet était un homme de cœur. Nul ne posséda à un plus haut degré que lui le don de se faire aimer, parce que, selon la belle expression de saint Paul, il donnait tout et se prodiguait lui-même : « *Omnia impendam et superimpendar ipse.* » Il n'était pas de ces natures calmes et patientes, rêveuses et contemplatives, qui cherchent le silence et la solitude, qui se renferment tout le jour dans un presbytère pour se livrer aux plus hautes spéculations de la métaphysique. Il n'était étranger à aucune des questions du jour, surtout de celles qui intéressaient l'Eglise, la patrie de son âme, et la France, la patrie de son cœur. Mais il était né pour l'action. C'était un *curé* dans toute la force du terme.

On le voyait parcourir les rues du village, abordant celui-ci avec un sourire aimable, interrogeant celui-là sur sa santé, sa famille, sa récolte. C'était une fête pour les paroissiens de causer avec lui, et il ne leur ménageait ni son temps, ni sa parole.

A travers ces fréquents entretiens, lorsque le moment opportun lui semblait arrivé, il lançait une de ces notes pieuses qui vibrent au fond des âmes et réveillent les souvenirs de foi peut-être endormis. Car ce qu'il cherchait avant tout, c'était les âmes ; les âmes pour lesquelles il eût donné sa vie comme une goutte d'eau. Pour les ramener à l'Eglise et à l'accomplissement de leurs devoirs religieux, il déployait toutes les industries d'un zèle infatigable ; il organisait des processions solennelles, des cérémonies augustes et touchantes, comme celle du 24 juillet 1864 et celle du 26 juin 1868, dont Oresmeaux garde la mémoire.

Il aimait aussi la beauté de la maison de Dieu, et il continua dans l'église les travaux de réparation commencés par M. l'abbé Guerle, son vénéré prédécesseur.

Mais son œuvre de prédilection, c'était la formation des jeunes élèves du sanctuaire. Lorsque, dans ces réunions du catéchisme, où il savait si bien captiver l'attention de son naïf et intéressant auditoire, il croyait lire sur le front d'un enfant le signe de l'appel de Dieu, il entourait aussitôt des soins les plus assidus cette plante privilégiée. Alors, comme aux beaux siècles de foi, le presbytère se transformait en école et le curé s'improvisait professeur. Avec sa facilité merveilleuse il initiait rapidement ses élèves aux secrets de la langue latine et de la langue grecque, de la science sacrée et de la science profane. Et lorsqu'il les avait envoyés au Petit-Séminaire pour terminer leurs études, il les suivait encore d'un regard ému, il les encourageait par de sages conseils.

Le clergé du diocèse d'Amiens s'honore à l'heure présente de compter dans ses rangs les ecclésiastiques distingués qui sont les élèves de M. l'abbé Guidet.

Mgr Boudinet qui appréciait hautement le talent et le zèle de son curé d'Oresmeaux, ne tarda pas à lui confier un poste plus élevé encore.

Il avait songé d'abord à le nommer doyen de Mailly, mais par suite de diverses circonstances, la nomination fut transformée, et c'est à Nesle que M. Guidet fut appelé en 1870.

Le décret du gouvernement est en date du 14 septembre. C'est le premier décret nommant un doyen que signa M. Jules Simon, alors ministre des cultes.

Le dimanche 25 septembre 1870, après les vêpres, M. Guidet arriva à Nesle pour son installation. Il était conduit par M. Morel, vicaire général, et accompagné de M. Guidet, son frère, vicaire de la cathédrale d'Amiens.

La série des revers de cette année lugubre avait commencé pour notre malheureux pays. Déjà les chemins de fer n'étaient plus certains de leur parcours, et le bon M. Morel, en venant installer M. Guidet, était inquiet de savoir s'il pourrait retourner sans encombre à Amiens.

Les défaites récentes, les tristesses de l'invasion, l'avenir sombre qui s'ouvrait, excluaient de cette cérémonie de prise de possession la solennité joyeuse qu'elle revêt d'ordinaire; elle fut simple et brève. Le son des cloches rassembla les fidèles à l'église. Après quelques mots de M. le Vicaire Général et l'accomplissement des formalités canoniques, le nouveau Doyen monta en chaire et adressa pour la première fois à son troupeau la parole de Dieu.

C'était, avons-nous dit, le dimanche 25 septembre 1870, en la fête de saint Firmin, patron du diocèse.

Le 25 décembre 1889, après dix-neuf ans et trois mois, il montait dans cette même chaire pour la dernière fois...

Dès le jour de son arrivée, le grand air de bonté et de franchise gravé sur sa physionomie, son affabilité, sa stature imposante, son éloquence facile et animée, avaient produit la meilleure impression qui ne se démentit point dans la suite. L'instant n'était pas aux fêtes, ni aux joies. C'était l'heure de l'épreuve et du deuil. Le 21 novembre 1870, les premiers soldats prussiens envahissaient Nesle, qui devait, pendant sept mois, subir l'occupation ennemie.

M. le Doyen commença dans cette pénible époque son ministère de prière, de dévouement et de charité. Soutenant les courages, fortifiant les espérances et inspirant les résignations, il se montrait dès le début ce qu'il fut toujours : l'homme de Dieu, le ministre de Jésus-Christ.

Sa tendre dévotion pour la Sainte Vierge éclata dès l'abord. Nous en reparlerons plus loin, mais nous pouvons dire maintenant que la plus grande consolation de M. Guidet fut de sentir chaque jour s'affirmer la confiance populaire à

Notre-Dame de Bon-Secours, de qui l'antique et miraculeuse image voyait continuellement à ses pieds les affligés et les suppliants.

A Noël, il n'y eut pas de messe de minuit, à cause de l'occupation prussienne : et deux mois après, le 13 février 1871, les envahisseurs protestants ayant osé se servir de l'église pour l'office schismatique, le temple fut fermé et ne se rouvrit que le 16 février après une bénédiction nouvelle.

Par un sentiment de piété particulière, M. Guidet tenait à posséder dans son église paroissiale les témoignages de sa dévotion profonde au Sacré-Cœur de Notre-Seigneur, à la Sainte Vierge invoquée sous le titre de Notre-Dame du Sacré-Cœur, et à saint Joseph. Il lui semblait que ce triple patronage était la garantie nécessaire, la toute-puissante égide de son saint ministère dans la ville de Nesle.

Le 28 mai 1871, au salut du mois de Marie, furent bénites les trois grandes statues du Sacré-Cœur, de Notre-Dame du Sacré-Cœur et de saint Joseph.

Le nombre et l'importance des dons faits à l'église et des travaux qui y furent exécutés, sous la généreuse impulsion de M. le Doyen, sont tellement considérables, pendant les dix-neuf années de son séjour à Nesle, que nous nous réservons d'en donner plus loin la liste, dans un chapitre séparé dont la simple lecture formera un éloge aussi rare que complet.

M. le Doyen de Nesle, nous aurions dû le dire déjà, faisait partie du Tiers-Ordre de la Pénitence de saint François d'Assise. Les liens de la religion et ceux d'une étroite amitié l'unissaient à plusieurs des Pères Franciscains du couvent d'Amiens ; et, à diverses reprises, il avait songé lui-même à quitter les rangs du clergé séculier pour entrer dans la milice régulière des Frères Mineurs.

Nous avons vu souvent à Nesle, comme on les avait vus à

Oresmeaux, les religieux franciscains qu'il aimait à convier aux cérémonies sacrées.

Le 10 septembre 1871, ce fut le Révérend Père Jean de Saint-Etienne, de vénérée mémoire, qui vint ériger un chemin de croix dans la chapelle de Notre-Dame de Bon-Secours.

Cette même chapelle, si aimée, comme on le sait, de M. Guidet, reçut quelques mois plus tard une précieuse faveur, sur la demande qu'il en fit à Mgr Boudinet.

L'Evêque d'Amiens arriva à Nesle le samedi 11 mai 1872, et y resta jusqu'au mardi 14. Très souffrant de la maladie qui devait l'emporter moins d'un an après, Monseigneur ne fit qu'une seule sortie dans la ville ; ce fut pour aller prier dans la chapelle du Rempart, à laquelle il accorda pour chaque *Ave Maria* récité soit à l'intérieur, soit auprès de l'enceinte, une indulgence de quarante jours.

Le mercredi 15 mai, lendemain du départ de Mgr Boudinet, M. le Doyen célébra la messe dans la chapelle pour le rétablissement de la santé de Sa Grandeur.

En même temps, il annonçait qu'une procession solennelle aurait lieu le 26 mai, dimanche le plus proche de la fête de Notre-Dame de Bon-Secours (1). Toutes les paroisses du canton y seraient convoquées ; et pour activer la piété populaire, on distribuait partout une petite notice historique, composée par M. Guidet, et terminée par une prière à la Sainte Vierge.

La procession eut lieu au jour dit, au milieu d'une affluence considérable. Le sermon fut donné en plein air près du Rempart ; et les enfants qui avaient fait ce jour-là, fête de la Sainte-Trinité, leur première communion, prononcèrent dans la chapelle leur consécration solennelle à la Sainte Vierge. Des arcs de triomphe s'élevaient de distance en distance sur le parcours du cortège qui traversa la rue du

(1) La fête est inscrite au 24 mai dans le Calendrier romain.

Péage, la Grande Place, les rues des Lombards, de la Vierge, des Champs, de Saint-Jacques, des Poissonniers et la place de l'Eglise.

Chaque année, de 1872 à 1889, la procession s'est renouvelée avec la même piété, la même dévotion et le même succès qui attestent éloquemment la fidélité et l'amour du doyen de Nesle et de sa paroisse pour la sainte et immaculée Mère du Sauveur Jésus.

Peu de temps après la première procession, le dimanche 7 juillet 1872, M. Guidet, dans une solennité d'un autre genre, bénissait un calvaire restauré à l'extrémité du faubourg Saint-Léonard, vers Billancourt, grâce au généreux concours des habitants de cette partie de la ville.

Ce calvaire portait autrefois, et porte encore le nom de Croix Saint-Claude, en mémoire de l'ancienne et célèbre confrérie qui existait à Nesle.

A la suite des évènements de 1870-71, au sortir de désastres tellement inouïs qu'il y fallait reconnaître un châtiment de Dieu, les dons et les fondations pieuses se multipliaient : reconnaissance d'un secours obtenu, d'une préservation, accomplissement d'une promesse ou d'un vœu. Il semblait voir renaître en France ces années extraordinaires qui ont précédé et suivi l'an 1000, et qui furent témoins de la construction de tant de monuments religieux. La liste que nous donnons plus loin nous dispense d'insister sur ce point.

A quelques moments, les donations devinrent même un embarras et presque une difficulté pour M. le Doyen. Des personnes plus généreuses qu'éclairées lui apportaient leurs offrandes et désignaient les travaux qu'elles voulaient faire exécuter dans l'église. Ces travaux n'étaient pas toujours intelligents, ni d'accord avec le style de la vieille collégiale romane. Et il fallut à M. Guidet une prudence consommée et une extrême habileté pour éviter de décourager les donateurs.

Le 16 octobre de chaque année, la paroisse célèbre la fête

de l'Adoration Perpétuelle. M. le Doyen déployait à cette occasion toute l'activité de son zèle pour parer l'église des plus riches ornements. En 1872, il fit établir une décoration rouge et or d'une magnificence inusitée jusque-là; et il la renouvela pendant plusieurs années. Les illuminations étaient splendides; parfois on se servit, au salut, de flammes de Bengale qui produisaient, à cause de la disposition du sanctuaire, un effet grandiose et saisissant.

Il faisait appel aux prédicateurs les plus distingués; et il réunissait en grand nombre les prêtres des paroisses voisines, et souvent ceux de localités plus éloignées, chez qui il allait si volontiers exercer à son tour le ministère de la parole. Non-seulement le diocèse d'Amiens, mais les diocèses de Beauvais, de Soissons et de Cambrai entendaient fréquemment, dans la chaire chrétienne, retentir la voix puissante et tout apostolique du doyen de Nesle.

Il aimait et savait faire aimer la dévotion active, agissante, énergique. La foi qu'il possédait à un degré supérieur n'allait point sans les œuvres. Il eut toujours une prédilection particulière pour les pèlerinages, dont il fut l'organisateur heureux en maintes circonstances, dont il fut toujours le membre fervent et empressé.

Le 30 juin 1873, il partait pour Lourdes, où il devait retourner plusieurs fois. Il y fut, le 2 juillet 1873, témoin d'une guérison miraculeuse.

Deux mois plus tard, le mercredi 10 septembre 1873, il emmenait à Liesse 1200 pèlerins du Santerre, parmi lesquels 360 appartenaient au doyenné de Nesle.

En 1876, M. Guidet conduit les pèlerins à Boulogne-sur-Mer; il y retourne encore le 16 juillet 1877. D'autres années, c'est à Notre-Dame de Bon-Secours de Rouen, à Notre-Dame de Brebières, à Albert; très souvent à Saint-Quentin (Aisne), pendant la neuvaine du mois d'octobre, que M. le Doyen accompagne les pieux voyageurs et les anime de son entrain communicatif.

Il ne négligeait, on le pense bien, aucune occasion d'exciter dans l'intérieur de sa paroisse les manifestations de foi que les pèlerinages déployaient au dehors.

Dans la nuit du 17 au 18 mars 1875, des mains impies ayant renversé une statue de sainte Barbe placée à l'angle de la rue Saint-Léonard et de la voie de la Fontaine, au salut de Carême du lendemain, M. le Doyen dénonça le sacrilège et fit chanter le *Miserere* et le *Parce Domine*. Puis il organisa une grande cérémonie expiatoire, dans laquelle la statue ancienne fut solennellement replacée dans le faubourg, tandis qu'une statue nouvelle, offerte par souscription, était installée dans l'église. Il prononça en plein air à cette occasion un éloquent discours.

Pour entretenir la sainte émulation soulevée par les pèlerinages, M. Guidet entreprit et conduisit à bonne fin, avec un remarquable succès, grâce aux libéralités de quelques familles, la fondation de plusieurs chapelles. La première en date (octobre 1875) fut celle qu'il dédia à Notre-Dame de Lourdes, dans le côté droit du sanctuaire. L'autel en fut bénit le 5 décembre. Dans le mois de février suivant (1876), la quinzaine des Apparitions fut célébrée en grande pompe et terminée, le 4 mars, par une procession aux flambeaux. En même temps fut fondée la Confrérie de Notre-Dame de Lourdes.

La seconde chapelle, commencée dès les premiers jours de 1876, fut dédiée au Sacré-Cœur, et l'autel en fut placé dans la semaine du 18 au 25 avril.

Simultanément, une troisième chapelle située au côté gauche du sanctuaire fut restaurée ; et son autel qu'on avait projeté d'abord de dédier à Notre-Dame de la Salette, reçut le vocable de Notre-Dame des Enfants. Il fut placé le 14 octobre, bénit solennellement le 12 novembre, fête de la Dédicace, et la messe y fut dite le lendemain, lundi 13 novembre.

Inutile d'ajouter que M. le Doyen profitait avec une sagesse et une adresse toutes pastorales de ces fondations matérielles pour élever les esprits et les cœurs à la foi, à la confiance et à la prière.

Ce que nous allons raconter maintenant sera une nouvelle preuve du soin empressé avec lequel il savait profiter de toutes les occasions.

L'ouragan terrible du 12 mars 1876 avait renversé la croix du cimetière. Sur-le-champ M. le Doyen se mit à l'œuvre; dès le 18 avril, par la générosité d'une pieuse paroissienne, les escaliers du Calvaire étaient en réparation ; le 13 mai, une croix nouvelle en fonte, de grande dimension, du poids de 1100 kilogrammes, était dressée. Et le 28 mai, une cérémonie grandiose, dont le souvenir est toujours vivant, réunissait à Nesle une multitude que la *Semaine Religieuse* évalue à 8,000 personnes.

Avant le départ de la procession qui était en même temps celle du pèlerinage annuel à Notre-Dame de Bon-Secours, trois bannières furent bénites : celle de Notre-Dame de Lourdes, celle de la Sainte-Enfance et celle de la Congrégation des Enfants de Marie.

Le christ du nouveau calvaire était porté sur un brancard par douze hommes qui se relayaient tour à tour. M. l'abbé Guidet, frère du Doyen de Nesle, et alors vicaire à la cathédrale, porta la parole d'abord à la chapelle de Bon-Secours, puis au cimetière pour l'érection du calvaire. Un grand nombre de prêtres figuraient dans le cortège qui comptait quatre brancards et vingt bannières.

Deux ans plus tard, une solennité qui surpassa encore celle-ci par la splendeur et la décoration fut célébrée.

Il s'agissait d'ériger un superbe chemin de croix dans l'église collégiale et de bénir un christ placé au sommet de l'arc triomphal qui sépare le chœur du sanctuaire.

Le chemin de croix, dont la pose avait été commencée à la fin de 1877, est formé d'une série de tableaux en terre cuite, de fort relief, à nombreux personnages, avec cadre en pierre sculptée. Il était, à ce moment, unique en France. Le christ triomphal est en bois sculpté, de très grandes dimensions.

M. Guidet avait fixé la cérémonie au 22 septembre 1878, et il l'avait fait précéder d'un triduum prêché par un prêtre dominicain d'une rare éloquence, le R. P. de Baecque, qui s'était déjà fait entendre à Nesle, au mois de mai 1877, pour le pèlerinage de Notre-Dame de Bon-Secours. Un grand nombre de personnes firent la sainte communion à la première messe du 22 septembre. A deux heures et demie, la procession se mit en marche par les rues accoutumées ; des mâts ornés de banderoles et de faisceaux tricolores étaient dressés sur le parcours. Des arcs de triomphe s'élevaient de loin en loin, notamment sur la Grande Place. Le brancard qui portait le christ s'y arrêta et la bénédiction en fut faite par M. l'abbé Hénocque, doyen du chapître et vicaire général. Puis le R. P. de Baecque monta en chaire et prononça, au milieu du silence recueilli de la foule, un magnifique sermon. La procession se continua et rentra dans l'église pour l'érection canonique du chemin de la croix qui fut précédée d'une seconde allocution très touchante du révérend Père dominicain.

Des cérémonies aussi remarquables, et que M. Guidet savait rendre si pieuses, laissent dans un pays d'impérissables souvenirs.

Entre la procession que nous venons de raconter et la précédente de 1876, M. Guidet avait voulu répondre au désir exprimé récemment par son évêque, Mgr Bataille, et il avait procuré à ses paroissiens la grâce insigne d'une mission.

Elle s'ouvrit le 18 février et dura quarante-cinq jours. M. Guidet seconda et aida de toutes ses forces, de toute son âme, le R. P. Ponche et le R. P. de Beaurepaire de Louvagny, de la Compagnie de Jésus, qui annoncèrent avec force et abondance la parole sainte. Le R. P. Ponche donna trente-cinq grands sermons aux saluts de la semaine et aux grand'-messes des dimanches ; il parla trente-quatre fois aux messes basses quotidiennes ; le R. P. de Beaurepaire fit environ quarante instructions aux messes basses.

Celles-ci réunissaient de 150 à 200 personnes ; les saluts avaient de 1300 à 1500 auditeurs et souvent davantage.

A la grande consolation de M. le Doyen, nombreuses étaient les communions de chaque jour. Le jeudi 22 mars, lors d'un service pour les défunts, plus de 600 personnes s'approchèrent de la Sainte-Table. Les communions pascales dépassèrent mille cinquante.

Nous craindrions de tomber dans de continuelles redites si nous suivions ainsi pas à pas toutes les œuvres de zèle, de piété et de foi accomplies par le vénéré doyen de Nesle. Et cependant nous n'avons passé en revue et incomplètement, que huit années de son ministère ici. Il nous en resterait encore douze à étudier, qui n'ont été ni moins laborieuses, ni moins fécondes que leurs devancières.

Que le lecteur juge de ces douze années par celles que nous lui avons exposées, afin que nous puissions profiter des quelques pages qui suivent pour lui montrer sous d'autres points de vue la belle carrière sacerdotale de M. l'abbé Guidet.

Ce que nous avons vu jusqu'à présent s'applique à la partie en quelque sorte extérieure et publique de la charge pastorale ; nous voudrions indiquer maintenant quelle fut l'action intérieure et privée de M. l'abbé Guidet dans le gouvernement de la paroisse.

Il était fortement pénétré des lourdes responsabilités de la mission du prêtre ; sans cesse il avait devant les yeux la destinée des âmes confiées à sa garde, et desquelles, selon la rude expression de la Sainte-Ecriture, il répondait devant Dieu « œil pour œil, dent pour dent. »

Cette charge était l'objet des longues méditations que souvent il prolongeait très avant dans la nuit. Après avoir donné sa journée tout entière au ministère actif, au service de l'église, des malades, des pauvres, aux visites nécessaires à l'administration spirituelle et temporelle, il faisait le soir l'examen de sa journée. Et il connaissait si bien la ville qu'il en repassait dans sa mémoire toutes les maisons, une par une, se rendant compte à lui-même, devant Dieu, des devoirs et des nécessités que la situation de chacun lui imposait.

Il n'y a pas un acte de son administration, pas un des travaux qu'il fit exécuter, pas une des cérémonies qu'il organisa, nous pourrions dire pas une de ses paroles, ni de ses démarches, qui ne fut réglée, calculée et voulue en vue de la gloire de Dieu et du bien des âmes.

Les chrétiens de notre temps ne se rendent pas toujours un compte suffisant des efforts et des travaux du prêtre qui vit au milieu d'eux ; qui doit, pour remplir sa mission, se mêler à leur existence, sans la confondre avec la sienne ; qui doit savoir les luttes, les joies, les misères, les besoins de tous, en se maintenant à distance suffisante pour ne compromettre en rien sa dignité sacerdotale, mais assez près toutefois pour tendre la main à ceux qui ont besoin de secours, pour guider les volontés et soutenir les courages.

Bien différente est la carrière du moine, dans les murs de son couvent, de celle du prêtre séculier dans les paroisses. Le premier a dit au monde un éternel adieu ; le second est appelé à vivre au milieu du monde. Le premier s'est retiré comme Moïse sur le sommet de la montagne, pour converser avec Dieu dans la nuée de la contemplation ; le second est resté dans la vallée, parmi ceux qui combattent et qui souffrent. Mais leurs vies se complètent quoiqu'étant séparées, et tant que le moine en sa cellule étend les bras vers le ciel, la grâce de Dieu protège les combattants et leur assure la victoire.

Qui oserait dire laquelle des deux existences est la plus méritoire, la plus difficile, la plus sainte?

Dans ce labeur incessant de chaque jour, de chaque instant, devant cette lourde charge de la conduite d'une paroisse, M. l'abbé Guidet, qui en appréciait à leur juste valeur la responsabilité et le fardeau, s'était muni d'une puissante armure, nous devrions dire d'une armure toute-puissante : la prière. Il était vraiment pour tous, mais surtout pour ceux qui ont pénétré dans son intimité, l'homme de la prière, de la prière active, déterminée, infatigable; la prière qui obtient : *Petite, et accipietis.*

Le premier soutien de sa confiance pour prier, c'était la dévotion au Sacré-Cœur. Nous avons rapporté déjà que, dès son arrivée à Nesle, il avait voulu avoir dans son église la statue du Sacré-Cœur, et que plus tard il avait élevé un autel et une chapelle sous ce vocable.

Il importe d'ajouter qu'il aimait à y célébrer la messe, surtout le premier vendredi du mois. Depuis plusieurs années il avait institué à Nesle le mois du Sacré-Cœur, et il donnait à la fête annuelle toute la solennité possible.

C'est rendre hommage à la vérité, et c'est exciter avec justice à l'imiter sur ce point, de déclarer qu'il avait foi dans les merveilleuses promesses de Notre-Seigneur à la Bienheureuse Marguerite-Marie. Et nous qui l'avons connu, nous avons vu dans sa vie d'indiscutables preuves que sa foi était exaucée.

Les grâces qui étaient visibles en lui, les bénédictions qui abondaient sur toutes ses entreprises, sa ferveur, sa sainte mort, et surtout ce don spécial qu'il eut à un si haut degré de toucher les cœurs les plus endurcis, tout cela est écrit en toutes lettres dans les promesses divines qu'entendit la bienheureuse Visitandine de Paray-le-Monial (1).

Dans la chaire chrétienne, au confessionnal, au chevet des mourants, dans toute sa vie, M. l'abbé Guidet eut le don véritable de toucher les cœurs et de les ramener à Dieu.

Les exemples se pressent sous notre plume; nous n'en citerons qu'un seul pour ne pas dépasser les limites de cette notice.

Il y avait à Nesle, lorsque M. Guidet y arriva, un vieillard déjà très avancé en âge, et de qui toute la vie s'était

(1) Vie et Œuvres de la B. Marguerite-Marie, publiées par la Visitation de Paray-le-Monial, 1876. — Promesses du Sacré-Cœur.

passée dans une hostilité manifeste et publique contre la religion. C'était chez lui un parti-pris d'impiété, et il recherchait les occasions d'en faire parade ; lors des processions du Saint-Sacrement, il affectait de paraître dans les rues, le chapeau sur la tête, avec un air d'arrogance et de défi.

Cependant il avait atteint 90 ans, et M. Guidet cherchait avec anxiété comment il pourrait aborder cet infortuné dont l'âme était confiée à sa sollicitude. Il invoquait le Sacré-Cœur à cette fin.

Un jour, dans une rue de la ville, M. Guidet aperçoit son vieux paroissien qui allait le croiser en chemin. Une inspiration lui vient ; après avoir jeté au Sacré-Cœur une invocation suprême, il le salue en passant de ces mots :

— Bonjour, mon cher confrère !

— Confrère ! dit l'autre en s'arrêtant tout courroucé, qu'est-ce que cela veut dire ?

— Oui, répond M. Guidet de son air bon et affable, moi, je suis le doyen de la paroisse, mais vous, par l'âge, vous êtes le doyen de la ville. Nous sommes donc doyens tous les deux.

Touché par la grâce, l'impie répondit : « C'est vrai ! » et il laissa tomber sa main dans la main du prêtre. La réconciliation était presque faite ; elle s'acheva peu après au lit du vieillard mourant.

Une mort sans sacrements était à Nesle chose presque inconnue.

Le second soutien de M. Guidet dans la prière confiante, c'était la dévotion à la Sainte Vierge.

M. Guidet fut un vrai serviteur de Marie. Tout ce que nous avons raconté déjà sur sa vie le démontre avec abondance. Mais, combien ce que nous avons dit est peu de choses en face de ce qu'il resterait à dire !

On sait quelle consolation avait été pour M. Guidet la dévotion de la ville de Nesle à Notre-Dame de Bon-Secours. Voici la patriotique et touchante prière qu'il composa lui-même et qu'il faisait réciter dans les sombres jours de la guerre prussienne :

« O Notre-Dame de Bon-Secours, forte et terrible comme « une armée rangée en bataille, que de fois vous avez sauvé « la France dont vous êtes la céleste gardienne ! Vous la « sauverez encore, vous la sauverez toujours. Bouclier du « soldat, protégez nos frères au milieu des périls, assistez « les mourants, secourez les blessés. Calmez les inquiétudes « de tant de familles qui vous invoquent ; soutenez dans « leurs chagrins tant de mères séparées de leurs enfants, « rendez à tous la paix et la sécurité. Nous servirons fidèle- « ment Jésus dans notre patrie de la terre, et nous irons « vous bénir dans notre patrie du Ciel. Ainsi soit-il.

« O Marie conçue sans péché, priez pour la France ! »

Lorsque la guerre fut terminée et que M. Guidet s'occupa de processions annuelles de pèlerinage à la chapelle du Rempart, il inscrivit au bas de la notice historique, publiée par lui, cette nouvelle prière que, depuis dix-huit ans, on récite toujours à Nesle :

« Notre-Dame de Bon-Secours, Vierge Immaculée qui avez « écrasé la tête du serpent infernal, protégez la Sainte « Eglise, Notre Saint-Père le Pape et la France ! Convertissez « les pécheurs, consolez ceux qui souffrent, anéantissez les « desseins du démon, notre ennemi et le vôtre, et obtenez- « nous de chanter un jour au Ciel les louanges de Jésus et « les vôtres, après vous avoir été fidèles en toutes choses sur « la terre. Ainsi soit-il.

« Reine des anges et des hommes, bénissez-nous, sauvez- « nous ! »

Chaque année, M. Guidet organisait une neuvaine préparatoire à la fête de l'Assomption, pendant laquelle il prêchait chaque jour au salut donné à la chapelle du Rempart. Et c'était une profonde joie pour sa piété de voir s'accroître le nombre des ex-voto dont cette chapelle est ornée.

Nous avons rappelé ses pèlerinages à Lourdes, la chapelle et la confrérie qu'il institua, les messes, les offices et la quinzaine des Apparitions qu'il célébrait si pieusement.

La statue de Notre-Dame du Sacré-Cœur, qu'il érigea, voyait souvent brûler des cierges autour d'elle ; et M. Guidet enseignait à invoquer avec confiance l'Avocate des causes désespérées.

La confrérie du Rosaire fut l'objet de sa sollicitude. Le mois du Rosaire était exactement observé. Les offices et les fêtes lui fournissaient l'occasion toujours heureuse de stimuler par sa parole éloquente la dévotion à Marie.

Le culte de Notre-Dame de Pitié, celui de Notre-Dame des Miracles, spécial à la paroisse de Nesle, à laquelle il rappelle tant de beaux souvenirs, étaient la matière recherchée des instructions intéressantes qu'il prodiguait avec un louable empressement.

Et la Congrégation des Enfants de Marie ! De quels soins, de quelles précautions, de quelle vigilance paternelle et dévouée il l'entoura ! Comme il savait faire aimer la Sainte Vierge dans les réunions, dans les cérémonies, dans les retraites que son cœur pastoral dirigeait avec tant de sollicitude et de science dans la conduite des âmes !

Le mois de mai lui était cher parce qu'il était consacré à la Sainte Vierge, et il acceptait avec joie tous les moyens qui lui étaient offerts d'en rehausser l'éclat ; témoin ces décorations splendides que revêtirent, notamment en 1880 et les années suivantes, le sanctuaire et la nef de la Collégiale.

Et s'il fallait une preuve plus vivante encore de sa dévotion à Marie, ne la trouverait-on point parfaite et achevée dans son testament que nous citerons tout à l'heure, et où M. Guidet, faisant solennellement son acte de foi aux vérités enseignées par la sainte Religion, trouve dans son amour pour la Sainte Vierge le besoin d'affirmer et de spécifier sa foi à l'Immaculée Conception. Enfin ne la trouverait-on pas éclatante dans cet acte signé de lui en 1857 au Grand-Séminaire, par lequel il abandonnait toute sa vie et lui-même à la Sainte

Vierge ; acte auquel il ajoutait, peu de temps après, l'admirable promesse de ne jamais prononcer un sermon sans qu'il renfermât le nom de Marie, de Marie Immaculée.

Le troisième appui de M. le Doyen dans sa prière, c'était la dévotion à Saint-Joseph. Il avait élevé dès le début une statue, et plus tard il avait béni avec bonheur une bannière du Saint Protecteur de l'Eglise ; il fut complètement heureux le jour où une magnifique chapelle lui fut dédiée. Comme le vieillard Siméon, il disait à Dieu, le soir de cette procession du 18 mars 1888, son *Nunc dimittis.*

En honorant saint Joseph, époux de Marie, comme le patron de l'Eglise catholique, comme le gardien de la famille, comme le protecteur des mourants, M. Guidet lui confiait surtout deux portions de son troupeau qui lui étaient bien chères : au père nourricier de l'Enfant-Jésus, il recommandait les enfants de sa paroisse ; au charpentier de Nazareth, il recommandait les ouvriers. Ah ! ces bien-aimés ouvriers, comme il avait pour eux une fraternelle tendresse ! quelle recherche persévérante, quel zèle ingénieux il déployait sans relâche pour les amener à Dieu ! avec quelle délicatesse il savait les aborder ! comme il leur parlait avec bonté, avec franchise, avec intérêt ! quel contentement il éprouva en disant, le 19 mars 1888, la première messe au nouvel autel de Saint-Joseph, de voir autour de lui tous les ouvriers qui avaient pris part à la procession de la veille, et quelles touchantes paroles il leur adressa !

Dirons-nous le dévouement et la charité de M. le Doyen pour les pauvres ? Les larmes qui ont coulé à la nouvelle de sa mort et autour de sa tombe sont plus éloquentes que toutes les paroles ; et une phrase de son testament démontre qu'il les aima jusqu'à être pauvre lui-même. Il avait organisé, dans la ville, une société de Dames qui allaient à domicile visiter et secourir les indigents, et qui, avec l'aide dévouée des Religieuses de Saint-Vincent-de-Paul, leur portaient l'aumône du corps et celle de l'âme. Oui, M. Guidet fut excellemment charitable ; et sa charité avait Dieu pour principe et pour fin. Ceux qui s'efforcent, à notre malheureuse époque, de chasser de l'âme des pauvres toute idée religieuse oublient-ils donc que la pauvreté sans Dieu est le foyer terrible des pires révoltes sociales et des plus épouvantables désespoirs ?

M. Guidet dit dans son testament, daté de 1883, qu'il n'a jamais voulu être riche. C'est vrai ; mais pourtant — qu'on nous permette de publier cette confidence intime — dans ces derniers temps M. Guidet a souhaité d'avoir dans ses mains une grosse somme, de gagner un gros lot. Etait-ce pour lui? Ah ! Dieu sait bien que non. C'était pour les ouvriers et pour les pauvres. Son cœur de prêtre et de Français était douloureusement ému de la guerre acharnée faite à l'éducation chrétienne ; et il voulait rendre à Dieu ce qui est à Dieu, lui rendre les âmes que Jésus-Christ a rachetées de son sang, et que la neutralité menteuse de l'école lui enlève et lui arrache. On ne trompe pas le prêtre avec ce mot de neutralité ; il a lu dans l'Evangile la parole de Jésus-Christ : « *Qui non est mecum contra me est* » — Qui n'est pas avec moi est contre moi ; — et il sait par une lamentable et quotidienne expérience que la jeunesse élevée sans Dieu est élevée contre Dieu.

L'établissement d'un patronage pour les jeunes ouvriers et d'une école chrétienne et gratuite pour les enfants a été le souci des derniers jours de la vie de notre vénéré doyen. La Providence divine, dont les décrets sont insondables l'a retiré de ce monde à l'heure où il allait toucher le but. Puisse-t-il, du haut du Ciel, ne point abandonner son œuvre de plus en plus nécessaire !

Nous devrions étudier encore en M. Guidet le prédicateur tout apostolique, vraiment inspiré, éloquent, limpide, à la portée de tous ses auditeurs et préoccupé par-dessus tout de sanctifier leurs âmes. Nous devrions montrer le directeur des consciences éclairé, prudent, plein de droiture, de science et de jugement. Nous devrions dire le caractère éminemment bon, serviable, dévoué, du pasteur que tous ses confrères aimaient, que tous ceux qui l'ont approché estimaient sincèrement.

Pénétrant plus avant dans cette âme religieuse, nous devrions trouver le secret de sa charité, de sa foi et de son dévouement, dans une vie remplie d'austérités et de mortifications. M. Guidet, selon le conseil de la Sainte-Ecriture, réduisait son corps en servitude et le traitait avec une sévérité qui peut-être a ruiné avant l'heure sa constitution robuste et creusé sa tombe prématurée. Ceux qui sont rigides pour eux-mêmes sont toujours bons pour les autres.

Mais la mort pouvait venir, M. Guidet était prêt. Il n'avait point sur la terre de trésor qui l'attachât, son trésor avec son cœur étaient plus haut.

La maladie, qui déjà l'avait éprouvé, le saisit de nouveau le samedi après Noël, 28 décembre 1889. Le dimanche 29, malgré d'amicales observations, il voulut dire la messe basse dans son église ; ce devait être sa dernière messe.

Il se sentit grièvement atteint. Cependant personne ne songeait encore à un danger prochain. Vers le milieu du mois de janvier il réunit autour de lui tous les prêtres du doyenné et se montra avec eux enjoué et expansif comme de coutume.

Néanmoins, peu de jours après, il voulut se confesser et mettre en ordre les détails de l'administration de son église. Le vendredi 31 janvier, vers le soir, le mal se déclara avec des symptômes dont il comprit toute la gravité, il vit que sa fin était proche.

Ayant toute sa connaissance, il reçut les derniers sacrements avec la foi la plus vive ; et comme on terminait auprès de son lit de douleurs la récitation des Litanies de la Très Sainte Vierge, il rendit à Dieu son âme... Il avait cinquante-six ans et vingt un jours, et de sacerdoce trente-un ans et vingt-cinq jours.

. . . .

Le lendemain dès l'aube, la funèbre nouvelle se répandit rapidement dans la ville et aux environs, semant partout une stupeur immense et une immense affliction. Le deuil était général. La famille spirituelle pleurait son chef aimé, enlevé si tôt et d'une manière si imprévue.

Les paroissiens venaient s'agenouiller auprès du lit funéraire et contempler une dernière fois les traits aimés et sympathiques du vénéré Doyen, pouvant à peine croire à la réalité de son décès. De nombreuses couronnes étaient apportées dans la chambre mortuaire, et le jour des obsèques, 4 février 1890, une assistance considérable se réunissait à Nesle.

La levée du corps fut faite au presbytère par Mgr Dehaisnes, délégué et assisté par M. Leroy, archiprêtre de Péronne.

Mgr Dehaisnes, prélat de la maison de Sa Sainteté et secrétaire général des Facultés catholiques de Lille, était l'ami du doyen défunt.

Plus de quatre-vingts prêtres, du diocèse d'Amiens et des diocèses voisins, étaient présents. On remarquait MM. les doyens de Roye, de Saint-Valery, d'Albert, de Rosières, de Chaulnes, de Combles, d'Ailly-sur-Noye, le supérieur du Collège de Roye et celui du Collège de Montdidier, le supérieur du Pensionnat de Saint-Fuscien, etc... Les Conseillers de Fabrique, les Conseillers municipaux, le Conseiller général du canton, les Administrateurs de l'Hospice et du Bureau de Bienfaisance, la Compagnie des Archers dont le défunt faisait partie, et les Sapeurs-Pompiers avaient pris place dans le cortège.

Après l'Evangile, M. l'Archiprêtre de Péronne monta en chaire et prononça une remarquable allocution. Elle débutait par un rapprochement saisissant entre les obsèques de M. l'abbé Guidet et celles de M. l'abbé Jacob, doyen de Ham, pour qui, deux mois auparavant, la messe de *Requiem* était chantée par celui qui disparaissait aujourd'hui.

Puis l'orateur exposait, dans une rapide biographie, la carrière trop brève, mais si bien remplie du pasteur regretté, résumant sa vie sous ces trois aspects : la bonté, la droiture et le zèle, « triple rayon qui illumine cette belle carrière sacerdotale. » En terminant, M. l'Archiprêtre insistait avec force sur les adieux suprêmes de M. Guidet qui, au moment où la mort allait le saisir, traçait à la hâte, de sa main défaillante, ces mots : « Je fais à Dieu le sacrifice de ma vie, « et je supplie mes paroissiens de songer sérieusement à « leur éternité. »

En se rendant au cimetière, le convoi parcourut les principales rues de la ville, s'arrêtant d'abord à l'hospice dont M. le Doyen était aumônier, et une seconde fois à la chapelle de Notre-Dame de Bon-Secours au rempart.

Le corps de M. Guidet repose dans un terrain offert par la Municipalité, à côté de MM. Dufourmantelle et Turpin, ses prédécesseurs.

Une souscription spontanément ouverte à recueilli une somme importante pour élever un monument sur le lieu de sa sépulture.

DONS ET PRÉSENTS

FAITS A L'ÉGLISE DE NESLE

ET

TRAVAUX EXÉCUTÉS

SOUS LE DÉCANAT DE M. L'ABBÉ GUIDET

28 Mai 1871. — Statues du Sacré-Cœur, de Notre-Dame du Sacré-Cœur et de saint Joseph.

Juillet-Août 1871. — Vitraux aux huit fenêtres du rez-de-chaussée de la nef, aux quatre fenêtres du transept gauche, à la lancette du transept droit (chapelle Saint-Pierre).

Juillet-Octobre 1871. — Réparations au grand portail de la Collégiale.

10 Septembre 1871. — Chemin de croix dans la chapelle de N.-D. de Bon-Secours.

Octobre 1871. — Nouvel appareil de suspension des cloches.

31 Mars 1872. — Grands chandeliers en bronze doré sur le maître-autel; et, sur le tabernacle, Exposition composée de quatre colonnes avec coupole du même métal, œuvre artistique d'une grande richesse. — Un ostensoir a été donné peu après, du même travail et de la même matière.

Avril 1872. — Vitraux de couleur à la chapelle de l'Hôtel-Dieu.

31 Mai 1872. — Porte neuve au grand portail de l'église, avec ferrures gothiques.

14 Juin 1872. — Plan de restauration intérieure de l'église par M. Dablin.

7 Juillet 1872. — Calvaire de la croix Saint-Claude. (Souscription du faubourg Saint-Léonard).

16 Septembre 1872. — Pavage en marbre de la chapelle du Rosaire.

Septembre 1872. — Peintures à l'intérieur de la chapelle de l'hospice.

26 Octobre 1872. — Réparations au pignon du transept nord.

9 Février 1873. — Legs de 9,000 francs à l'église par M. de B***.

25 Août 1873. — Rosaces et fenêtres du sanctuaire.

Octobre 1873. — Vitraux de couleur dans la rosace et dans les trois arcades qu'elle surmonte.

Novembre 1873. — Fenêtre-porte sous la statue de Notre-Dame des Miracles.

Janvier 1874. — Porte neuve à la petite entrée de la façade de l'église.

Janvier-Février 1874. — Réparations effectuées dans la crypte.

Juillet-Août 1874. — Restauration du rétable en marbre du sanctuaire et du maître-autel. Restauration de la lampe et des lustres en cristal.

1er Octobre 1874. — Vitraux de couleur dans les trois chapelles du sanctuaire et dans les deux fenêtres ogivales de droite et de gauche.

27 Novembre 1874. — Statue de saint Éloi, offerte à l'église.

31 Janvier 1875. — Statues de saint Hubert et de sainte Jeanne de Chantal.

1er Mars 1875. — Vitraux de couleur à quatre fenêtres de la crypte.

6 Mai 1875. — Statue de sainte Barbe, dans la chapelle du Rosaire.

16 Juin 1875. — Couronnes de lumière en bronze doré, d'un beau travail.

Octobre 1875. — Représentation en terre cuite de la grotte de Lourdes et de la statue de Notre-Dame de Lourdes.

Novembre 1875. — Restauration de la chapelle du côté droit du sanctuaire.

Décembre 1875. — Érection d'un autel dédié à Notre-Dame de Lourdes; peinture des murailles de la chapelle.

13 Décembre 1875. — Peinture à la colle des murs du sanctuaire, de l'arc triomphal et de la chapelle du Rosaire.

Décembre 1875. — Inscription d'autel privilégié à l'autel du Rosaire.

Janvier 1876. — Chandeliers, crucifix, tapis, vases, canons d'autel, missel, etc., à la chapelle de Notre-Dame de Lourdes.

Février 1876. — Restauration de la chapelle centrale du sanctuaire.

Mars 1876. — Restauration de la chapelle de gauche du sanctuaire, colonnes de pierre, porte avec ferrures de l'armoire secretarium.

18 Avril 1876. — Autel en pierre sculptée dans la chapelle centrale. Chapiteaux de colonnes dans la chapelle de gauche; peinture des murailles.

30 Avril 1876. — Seize oriflammes ornant l'autel du mois de Marie.

2 Mai 1876. — Peintures et dorures de la chapelle centrale qui sera dédiée au Sacré-Cœur.

13 Mai 1876. — Nouveau calvaire du cimetière de Saint-Marcou. Réédification de l'ancienne croix au fond du cimetière.

28 Mai 1876. — Bannières de Notre-Dame de Lourdes, de la Sainte-Enfance, des Enfants de Marie.

Juillet-Août 1876. — Réparation des dégâts causés par l'ouragan du 12 mars à la toiture, au portail et au pignon du transept sud.

18 Septembre 1876. — Groupe en terre cuite de Notre-Dame des Enfants.

14 Octobre 1876. — Autel en pierre sculptée de Notre-Dame des Enfants.

11 Novembre 1876. — Vitraux de couleur aux douze fenêtres du haut de la nef.

Décembre 1876. — Réfection des colonnes de pierre à droite et à gauche de l'escalier du transept.

19 Février 1877. — Consolidation et rejointoiement des voûtes de la crypte.

Février-Avril 1877. — Mission de quarante-cinq jours, dons de chapelets, livres, médailles, etc.

14 Avril 1877. — Quatre tableaux portant les noms des anciens curés et vicaires des paroisses de Nesle.

30 Avril 1877. — Tableau des Indulgences du Rosaire.

1er Juin 1877. — Statue du Sacré-Cœur sur l'autel de la chapelle centrale, chandeliers, vases de lumière.

9 Juin 1877. — Lampe en bronze doré dans la chapelle du Sacré-Cœur.

23 Juillet 1877. — Réparations au clocher.

23 Juillet 1877. — Croix de procession, chandeliers d'acolyte. Ornements. Calices en vermeil.

Octobre 1877. — Pose des tuyaux et des becs de gaz dans l'église.

Décembre 1877. — Peintures des murs intérieurs de la nef, des bas-côtés et du transept droit ; restauration de la chaire.

Avril-Août 1878. — Chemin de croix en terre cuite d'une grande valeur, avec cadres en pierre sculptée.

Septembre 1878. — Christ en bois sculpté sur l'arc triomphal.

2 Octobre 1878. — Mise en place du crucifix de l'arc triomphal.

Octobre 1878. — Console pour la statue de saint Sébastien. Peintures.

3 Novembre 1878. — Legs de 2,000 francs de M. l'abbé L***.

Février 1879. — Réparations de la toiture au bas-côté sud.

Mars 1879. — Deux lustres et une statue de saint Joseph dans la chapelle de Notre-Dame de Bon-Secours.

Avril 1880. — Mois de Marie dans le chœur de l'église. Arcades de dix mètres de haut entourant l'autel placé au centre du transept.

Juin 1880. — Nouvelle ornementation de peinture et marbres dans la chapelle de Notre-Dame de Lourdes.

Août 1880. — Grillages aux fenêtres garnies de vitraux de couleur.

Juillet 1881. — Escalier et passage pour entrer dans la crypte, sous la direction de M. Duthoit.

28 Septembre 1881. — Le coq du clocher est rétabli. (L'ancien avait été brisé par l'ouragan en mars 1881.

Octobre 1881. — Peinture de la statue de saint Pierre, et console en plâtre.

Janvier 1882. — Statue de saint Michel terrassant le démon. Console en plâtre.

13 Juillet 1882. — Porte de la crypte, dessin de M. Duthoit.

Septembre 1882. — Splendide missel en maroquin rouge. Porte-missel en bronze doré.

Février 1883. — Réfection considérable de la toiture de l'église.

6 Juillet 1883. — Don de 2,000 francs au nom de M. C***, décédé.

15 Mai 1884. — Devis d'ingénieur pour installation de calorifères.

Mai 1884. — Les escaliers du Sanctuaire sont refaits en marbre noir. Précédemment ceux des bas-côtés avaient été transformés de même.

Juin 1884. — Statues de sainte Madeleine et de saint Jacques.

15 Mai 1885. — Bannière de saint Joseph, patron de la bonne mort.

Juin 1885. — Renouvellement des coussinets à sphères de la grosse cloche.

Septembre 1886. — Réfection de l'escalier de la sacristie.

Octobre 1886. — Réfection de l'escalier intérieur du porche sud.

Novembre 1886. — Peinture et badigeon à l'intérieur de l'église, sauf dans la chapelle de la sainte Vierge.

16 Novembre 1886. — Chasuble, étole, manipule et voile de calice en moire de soie blanche, brodée soie et or.

11 Janvier 1887. — Deux calorifères Besson pour l'église.

Avril 1887. — Pierre avec inscription relative au Concile de Nesle, placée près du banc d'œuvre.

Juin-Juillet 1887. — Construction d'un autel dans la chapelle centrale de la crypte.

Novembre 1887. — Restauration de la chapelle sous le clocher. Carrelage.

Février 1888. — Autel en pierre sculptée dans la chapelle qui sera dédiée à saint Joseph. Vitraux de couleur. Grille en fer.

18 Mars 1888. — Croix d'autel, chandeliers, canons, chaises et prie-Dieu dans la chapelle de saint Joseph.

25 Décembre 1888. — Legs de 5,000 francs par M. de B***.

Février-Avril 1889. — Restauration de la chapelle des catéchismes (ancienne salle capitulaire de la collégiale).

Mai 1889. — Carrelage, autel en pierre sculptée, grille en fer portant les lettres S. A. La chapelle sera dédiée à saint Alexandre.

Juin 1889. — Vitraux de couleur aux deux fenêtres, avec écusson : d'or à la fasce écartelée de sinople et d'argent. Armoiries de la famille de B***.

Octobre-Décembre 1889. — Préparation des pierres sculptées d'une balustrade qui remplacera la grille du chœur.

Cette liste n'est qu'un aperçu nécessairement incomplet, parce que la date de plusieurs dons fait défaut, et que bon nombre de dons eux-mêmes y sont volontairement ou involontairement omis.

Telle qu'elle est toutefois, elle peut donner une idée de l'activité et du zèle de M. le doyen Guidet.

Il est impossible de terminer mieux cette notice qu'en publiant les principaux passages du testament de M. Guidet, qui a été déposé en l'étude de Mᵉ Quennelle, notaire à Nesle, le 5 février 1890. La foi, la bonté, la charité, l'esprit sacerdotal du vénéré pasteur s'y montrent avec force; son abnégation, son humilité, son cœur s'y révèlent tout entiers.

TESTAMENT OLOGRAPHE DE M. L'ABBÉ GUIDET

« A. M. D. G. ET IM. V. MARIE.

« Ceci est mon testament, *meâ manu, sciens et volens.*

« Au nom du Père, du Fils et du Saint-Esprit. Ainsi soit-il

« Je donne mon âme à Dieu et Le prie de vouloir bien « l'accepter.

« Je crois toutes les vérités catholiques, et en particulier « l'Immaculée-Conception de la B. V. Marie, Mère de Dieu.

« Je pardonne à tous de bon cœur, et je prie humblement « ceux à qui j'aurais pu causer quelque peine de me par- « donner. Que Dieu surtout, dans son infinie miséricorde, « me pardonne mes péchés. Je l'en conjure par les mérites « sacrés de N. S. J.-C.

« J'institue l'abbé Alfred G*** légataire universel de tout « ce que je possède, à charge des legs particuliers suivants « et des conditions ci-après énoncées.

« . . . .

« Je n'ai jamais été riche. Je ne veux pas l'être.

« Ah ! si du moins j'étais riche en vertus !

« Je n'ai qu'un regret, c'est de n'avoir pas fait tout le bien « que j'aurais pu. J'ai toujours cru profondément les vérités « religieuses, c'est une grande consolation que je souhaite « de tout mon cœur à tous mes paroissiens.

« Je voudrais pouvoir léguer quelque chose aux pauvres, « mais ce que je possède suffira à peine à couvrir les frais « occasionnés par ma mort.

« Je leur lègue mon meilleur souvenir, et le souvenir du

« Ciel où l'on trouve la récompense des peines supportées « chrétiennement.

« Paroissiens de Nesle, riches et pauvres, grands et petits, « je vous aime tous, tous sans exception. Je prie pour vous « et j'offre le sacrifice de ma vie pour votre salut éternel. « Comme je voudrais vous sauver tous, vous retrouver tous « au Ciel !

« Pour mes funérailles, faire les choses bien simplement. « Point de discours. Je désire être inhumé à Nesle.

« . . . .

(Dispositions relatives aux messes, souvenirs à ses amis et à ses confrères, etc.).

« Parents, amis, confrères, paroissiens, priez pour moi, et « au revoir au Ciel !

« Nesle, 21 octobre 1883.

« (Signé) : L'abbé Ct GUIDET,

« *Curé-Doyen de Nesle.*

« Je tiens à déclarer que, pour obéir aux conseils de « Monseigneur l'Evêque, j'avais fait mon testament une « première fois en 1861, puis à cause de diverses circons- « tances une seconde fois en 1871, une troisième fois en « 1878, une quatrième fois en 1881 et enfin aujourd'hui « 21 octobre 1883.

« (Signé) : L'abbé Ct GUIDET,

« *Curé-Doyen de Nesle.* »

www.ingramcontent.com/pod-product-compliance
Ingram Content Group UK Ltd.
Pitfield, Milton Keynes, MK11 3LW, UK
UKHW021815190726
13853UKWH00003B/1013

9 782329 558721